Gerhard Eikenbusch

UND JEDEN TAG EIN STÜCK WENIGER VON MIR

Bearbeitet von: Iris Felter
Illustrationen: Karen Borch

EASY READERS · ER · LEICHT ZU LESEN

GEKÜRZT UND VEREINFACHT
FÜR SCHULE UND SELBSTSTUDIUM

Diese Ausgabe, deren Wortschatz nur die gebräuchlichsten deutschen Wörter umfasst, wurde gekürzt und in der Struktur vereinfacht und ist damit den Ansprüchen des Deutschlernenden auf einer frühen Stufe angepasst.

Dieses Werk folgt der reformierten Rechtschreibung und Zeichensetzung

Herausgeber: Ulla Malmmose

Umschlagentwurf: Mette Plesner

ISBN Dänemark 978-87-23-90492-8
www.easyreaders.eu

The CEFR levels stated on the back of the book are approximate levels.

Easy Readers EGMONT

Gedruckt in Dänemark von
Sangill Grafisk Produktion, Holme Olstrup

Biografie

Gerhard Eikenbusch, geboren 1952, arbeitet als Lehrer, Lehrerfortbildner und Autor. Er ist als Experte für den Bereich Schulentwicklung bekannt.

Sein Roman über Frauke erschien erstmals 1985.

Andere Werke:
Jahrhundertglück, 1985.
Eingemacht und durchgedreht, 1986.
Kopfsturz, 1987.
Zwischen Himmel und Erde, 1993.
Wie eine Feder im Flug. Vermutungen über Johann Heinrich, Jacques und Anna Pestalozzi, 1999.

Kapitel 1

Ich muss nach Hause. Nein, ich will hier bleiben.
Wenn sie etwas finden, habe ich verloren.

Eine Krankenschwester beugt sich zu Frauke herüber.

»Hast du keinen Hunger?«, fragt sie.

»Nein, danke«, antwortet Frauke.

»Isst du nichts? Du bist so dünn.«

»Kann sein.« Frauke hält ihr das *Tablett* hin.

Die Krankenschwester trägt es eilig aus dem Zimmer und macht die Tür zu.

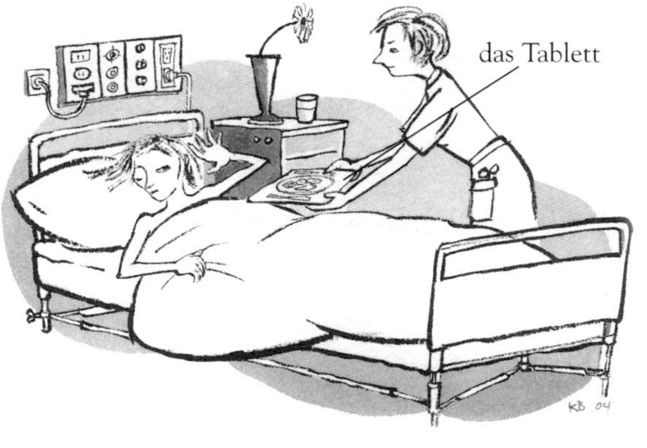

Frauke schließt die Augen. Ich will weg hier. Warum kommen Vati und Mutti nicht und holen mich ab! Ich werde verrückt.

Bilder jagen ihr durch den Kopf.

Schreie. Stimmen.

Flüstern.

flüstern, sehr leise sprechen

Sie denkt daran, wie ihr in der Schule schlecht wurde. Wie sie von dem Stuhl fiel, wie ihr Kopf auf dem harten Fußboden aufschlug.

Ihr wurde schwarz vor den Augen.

Erst im Krankenwagen wachte sie wieder auf. Ihre Lehrerin saß neben ihr, hielt ihre Hand.

»Nicht nach Hause bringen!«, hat Frauke geflüstert und die Hand der Lehrerin fest gedrückt. »Nicht nach Hause!«

Dann das Krankenhaus. Die erste Untersuchung.

»Essen Sie regelmäßig?«, hat der Arzt gefragt.

»Sicher!«, hat Frauke geantwortet und gelächelt.

»Aha. Wir werden Sie einige Tage hier behalten.«

*

»Frauke!« Fraukes Mutter breitet die Arme aus, stürmt auf ihre Tochter zu und küsst sie.

»Nimmst du mich mit nach Hause?«, fragt Frauke.

Fraukes Mutter schüttelt den Kopf.

»Was tust du uns nur an!«, sagt sie leise. »Ich halte es nicht aus. Den ganzen Nachmittag laufe ich im Krankenhaus herum und spreche mit Ärzten. Sie finden nichts. Frauke, du willst uns fertig machen!«

»Mutti!« Frauke richtet sich auf. »Das glaubst du nicht wirklich?«

»Vati macht sich große Sorgen. Er hat heute einen wichtigen Termin. Und dann passiert das mit dir. Gerade heute!«

»Das konnte ich nicht wissen!«

»Du machst uns nur Sorgen! Streng dich mehr an.«

»Ja«, sagt Frauke. »Nimm mich mit nach Hause.«

»Morgen, vielleicht«, antwortet ihre Mutter. »Es muss doch etwas zu finden sein. Ohne Grund fällt man nicht um.«

Sie sieht Frauke an. »Schlaf jetzt. Wir haben dich sehr lieb. Sieh zu, dass morgen alles gut geht.«

Die Mutter geht schnell aus dem Zimmer.

*

Es will nicht dunkel werden. In den Krankenzimmern nebenan schreien Kinder, die Nachtschwester fährt mit einem Küchenwagen vorbei, gibt Getränke aus, eilt weiter.

Frauke steht auf. Sie zieht schnell den Rock und einen dünnen Pullover über das Nachthemd, nimmt ihre Sandalen in die Hand und geht langsam zur Tür.

Sie tritt auf den *Flur*, schaut sich bei jedem Schritt um, ob ihr jemand folgt.

Noch an drei Zimmertüren muss sie vorbei, um an den *Stations*ausgang zu kommen.

Sie hat die Stationstür noch nicht hinter sich geschlossen, da hört sie eine Krankenschwester über den Flur laufen.

»Was suchst du auf dem Flur?«

»Ich wollte zur Toilette.«

»Das darf doch nicht wahr sein!« Die Krankenschwester fasst Fraukes Arm und zieht sie auf die Station zurück. »Du willst *abhauen*?

»Wollte ich nicht!«

der Flur, Gang
die Station, Abteilung eines Krankenhauses
abhauen, weglaufen

»Das kannst du anderen erzählen, aber nicht mir.« Sie bringt Frauke ins Krankenzimmer zurück.

Frauke setzt sich auf das Bett. Die Krankenschwester wartet.

»Was ist los mit dir? Wie alt bist du eigentlich?«

»Vierzehn«, antwortet Frauke.

»Dann gehörst du auf die Frauenstation.«

»Bloß nicht.« Frauke schaut die Nachtschwester erschrocken an. »Sagen Sie bitte meinen Eltern nichts.«

»Zieh dich jetzt aus und schlaf!«

Frauke zieht Pullover und Rock aus.

»Du bist ja nur ein *Gerippe*, Mädchen«, sagt die Krankenschwester, »isst du nichts? Was hast du denn?«

»Pubertät. Bin *zusammengeklappt*.«

»So? Bist du einfach zusammengeklappt?«

»Einfach so«, antwortet Frauke und legt sich ins Bett.

Die Krankenschwester macht das Licht aus.

Frauke weint.

*

Am nächsten Morgen wird sie von der Stationshelferin geweckt: »Es geht gleich los!«

Frauke zieht den Bademantel über und geht mit der jungen Frau in ein Untersuchungszimmer.

»Leg dich auf den Untersuchungstisch und warte, bis jemand kommt.«

Frauke liegt allein. Sie starrt die Zimmerdecke an. Hoffentlich finden sie nichts, denkt sie.

das Gerippe, Skelett
zusammenklappen, umfallen

Dann sieht sie das Gesicht ihrer Mutter vor sich, den strengen Blick.

»Hoffentlich finden sie etwas«, sagt sie auf einmal und presst die Lippen aufeinander.

»Wir fangen an!« Eine Krankenschwester stellt sich neben Frauke, fasst ihren Arm, bindet ihn ab. Sie sticht mit einer dünnen *Nadel* in den Unterarm.

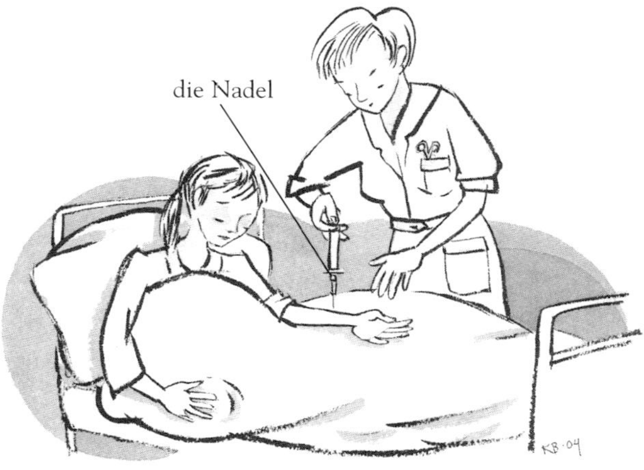

Frauke dreht den Kopf langsam zur Seite, öffnet ängstlich ihre Augen und schaut zur roten Flasche, die neben ihr hängt.

»Was ist das?«

»Kontrastmittel, damit wir *röntgen* können.«

»Sind viele Kalorien darin?«

Die Schwester hält Fraukes Arm fest und lacht laut.

»Habe noch nie gehört, dass jemand danach fragt«,

röntgen, mit Röntgenstrahlen untersuchen

sagt sie. »Das Kontrastmittel geht direkt vom Blut in die *Nieren* und dann in die *Blase*. In einer halben Stunde gehst du zur Toilette und die Sache ist vergessen.«

»Es sind wirklich keine Kalorien darin? Das kann gar nicht sein. Es gibt nichts, was keine Kalorien hat.«

»Doch«, sagt die Krankenschwester, »du kannst mir glauben.«

»Nicht bewegen«, ruft sie dann, geht in den Nebenraum und schließt die Tür hinter sich.

Frauke hört ein Klicken im Röntgenapparat, hält die Luft an, wartet. Der Rücken schmerzt. Sie wagt nicht zu *atmen*. Der Arm wird schwer. Sie bekommt ihn nicht hoch.

»Es tut weh! Es tut so weh!«, schreit Frauke.

»Stell dich nicht so an!«

Noch drei weitere Röntgenaufnahmen.

»Jetzt kannst du wieder auf dein Zimmer zurück.«

»Das schaffe ich nicht allein. Kann die Beine nicht bewegen.«

Frauke bleibt liegen. Die Krankenschwester muss Frauke auf ihr Zimmer bringen lassen.

*

Kurz vor dem Mittagessen kommt der Arzt.

»Alles ist in Ordnung, die Nieren, die Blase und der Magen. Du bist gesund, Frauke.«

»Wunderbar«, antwortet sie. Dann schließt sie die Augen. Es wird schwarz um sie herum.

»Du wiegst nur sechsunddreißig Kilo. Sechsund-

die Niere, menschliches Organ im Unterleib
die Blase, menschliches Organ im Unterleib
atmen, Luft durch den Mund einziehen und ausstoßen

dreißig Kilo bei einer Größe von einssiebzig? Machst du eine Abmagerungskur?«, fragt der Arzt.

»Nein«, flüstert Frauke.

»Stimmt es, dass du schon einmal zweiundfünfzig Kilo gewogen hast?«

»Das ist lange her«, antwortet Frauke. »Ich bin gesund. Das können Sie mir glauben.«

»Na dann«, sagt der Arzt. Er verschwindet ohne Gruß.

Ich muss raus, denkt Frauke. Sie machen mit mir, was sie wollen. Sie finden eine Krankheit, die ich gar nicht habe. Dann ist alles aus! Zweiundfünfzig Kilo. Wann war das? Wann verschwand der Hunger?

Vielleicht letztes Jahr, im Urlaub. Österreich, Wolfgangsee. Sommerferien. Irgendwann hat es angefangen.

War es an dem Morgen, als ihre Mutter weinend an den Frühstückstisch kam und den Vater beschimpfte?

Nach dem Streit sahen ihre Eltern sie traurig an.

Als ob sie dachten: Wir können uns nicht trennen, wegen Frauke.

Auf jeden Fall war es im letzten Jahr, dass sie von jedem Mittagsessen nur noch den Salat aß. Morgens ging sie ohne Frühstück aus dem Haus. Und sie fing an, Sport zu treiben.

Kapitel 2

Eine liebe Tochter wollen sie haben,
die sie vorzeigen können.

»Wie geht es, mein Schatz?«, fragt ihr Vater. Er stellt den Aktenkoffer auf den Boden, reicht Frauke einen Beutel Bonbons.

»Ich bin gesund. Du kannst mich gleich mit nach Hause nehmen.«

»Ich muss noch mit den Ärzten sprechen.«

»Glaubst du mir nicht?«, fragt Frauke.

»Warte einen Augenblick, ich bin gleich wieder zurück.« Der Vater verlässt das Zimmer.

Frauke zieht sich an. Endlich wieder zu Hause sein. Ich darf in der Schule nichts *versäumen*. Ich muss nach Hause.

Sie weiß nicht, ob sie sich das sagt oder ob das eine andere Stimme ist.

Ihr Vater tritt leise in das Zimmer.

»Wolltest du in der letzten Nacht weglaufen?«

»Ich wollte zu euch.«

»Wenn Mutti das erfährt!«

Der Vater holt tief Luft und flüstert dann: »Du sollst zu einem Psychiater.«

Frauke will das Wort nicht hören. Sie schüttelt den Kopf. Es soll wieder heraus.

Sie nimmt ihren Vater am Arm, zieht ihn fort, auf den Flur.

versäumen, hier: etwas nicht lernen

»Was soll das, Frauke?«

Sie eilt mit ihm das Treppenhaus hinunter zur Cafeteria.

Ihr Vater fragt sie immer wieder: »Was soll das, Frauke? Sag doch, was das soll!«

»Zwei Wiener Würstchen und Kartoffelsalat«, bestellt Frauke stolz an der *Theke*. Sie trägt das Essen an einen Tisch, winkt den Vater zu sich.

»Schmeckt prima!«

»Frauke, du musst das nicht essen, wenn du nicht ...«

»Ich esse, so viel ihr wollt! Ich bin gesund.«

»Versprichst du das?«, fragt er.

»Hundertprozentig. Tausendprozentig, wenn es sein muss.«

»Abgemacht.« Der Vater ist froh.

»Wir werden es schaffen«, sagt er, »dann geht es Mutti auch wieder viel besser.«

»Gehen wir«, bittet Frauke. Sie lächelt ihren Vater an.

Während ihr Vater noch einmal bei dem Stationsarzt ist, wartet Frauke. Als sie aufsteht, muss sie sich am Stuhl festhalten. Die Beine sind schwer, kaum zu bewegen.

Dann kommt ihr Vater erleichtert auf sie zu.

*

»Endlich!« Frauke wirft ihre Tasche auf das Bett. »Endlich wieder in meinem Zimmer.«

»Kommst du, es gibt Abendessen!«, ruft ihr Vater von unten.

»Ich habe schon in der Klinik gegessen.« Frauke *schiebt* den Teller zur Seite.

Ihre Mutter wischt sich die Lippen mit der Serviette ab. »Letzte Nacht habe ich keine Minute geschlafen, Frauke. Was tust du uns nur an!«

»Frauke«, beginnt der Vater ruhig. »Wir müssen darüber reden. Wenn du es in der Schule nicht schaffst, dann musst du eben zur Hauptschule gehen. Vielleicht ist ein praktischer Beruf doch besser.«

Frauke starrt ihn an.

Die Mutter streicht mit der Hand über die Tischdecke. »Ist das der Dank?«, fragt sie. »Jetzt, wo du in die neunte Klasse kommst, sollen wir aufgeben? «

schieben, bewegen

»Vielleicht sollte sie wirklich zur Hauptschule ... «, sagt ihr Vater.

»Nein«, die Mutter schaut ihren Mann an, »nein, wenn sie jetzt aufhört, dann wird sie es nie wieder so weit bringen.«

»Frauke, was ist? Was meinst du dazu?«, fragt ihr Vater.

»Ich gehe morgen wieder zur Schule. Ich weiß gar nicht, was ihr habt.«

Die Mutter sieht ihren Mann an. »Früher war sie anders.«

Frauke weiß, was sie jetzt erzählen wird. »Streitet euch nicht. Es ist alles in Ordnung. Ich bin wieder hier und bin gesund.«

*

In ihrem Zimmer holt Frauke die Waage unter ihrem Bett hervor, stellt sich darauf.

Sechsunddreißig Kilo. Vor einem Jahr waren es zweiundfünfzig, vor einem halben Jahr noch knapp fünfzig. Wie sie damals ausgesehen hat!

Dicke Beine. Dicke Hüften.

Sie geht ins Badezimmer, *beugt* sich über die Toilette, steckt den Zeigefinger in den Mund.

Frauke *erbricht* leise, still, spuckt aus, trinkt Wasser, steckt den Finger wieder in den Hals.

Sie setzt sich auf die kühlen Fliesen, legt den Kopf in den Nacken und atmet tief durch.

beugen, hier: Kopf und Oberkörper gegen etwas senken
erbrechen, Mageninhalt durch den Mund heraus lassen

Unten spricht der Vater laut. Die Mutter läuft aus dem Wohnzimmer, schlägt die Tür zu.

Nicht hinhören, denkt Frauke. Ich will sie nicht mehr sehen. Ich halte sie nicht mehr aus.

Sie erbricht noch einmal.

Du bist undankbar, denkt sie, du darfst es ihnen nicht antun.

Ihr Mund ist trocken und brennt. Sie wäscht das Gesicht, putzt die Zähne. Dann geht sie in ihr Zimmer, legt sich auf den Boden, macht *Liegestütze*.

Einatmen. Hoch. Ausatmen.

Fünfmal. Ihr Herz rast.

Was eben geschah, ist lange vorbei.

*

In der Schule *ziehen* die Lehrer ihren Unterricht *ab* wie immer. Sie stellen Fragen, die sie am liebsten selbst beantworten.

Frauke lässt diesen Unterricht über sich ergehen. In keinem Fach ist sie schlechter als »gut«.

Noch zwei Schulstunden. Neunzig Minuten. Sie schreibt mit, rechnet, füllt Arbeitsblätter aus. Sie will jeden Satz mitbekommen, den der Lehrer sagt. Sie merkt nicht, was um sie herum passiert.

Frauke stellt sich vor, wie schön es wäre, in Englisch eine »Eins« zu bekommen.

»Frauke, was ist los? Schläfst du?«

der Liegestütz, gymnastische Übung, wobei man mit gestrecktem Körper auf Hände und Füße stützt
abziehen, hier: etwas lustlos durchführen

Frauke erschrickt, will aufstehen, stößt dabei den Stuhl um.

»Zu lange ferngesehen, gestern Abend?«, fragt der Englischlehrer.

»Entschuldigung«, stammelt sie. Sie wollte ja aufpassen, fühlte sich gut. Und dann ist sie mitten in der Stunde eingeschlafen. Hoffentlich erzählt der Lehrer es nicht den Eltern.

Endlich das Klingeln. Frauke läuft los, so schnell sie kann. Sie rennt. Nur weg.

Nachmittags sitzt sie am Schreibtisch, die Englischbücher liegen vor ihr. Frauke lernt neue Wörter, wiederholt alte, bei denen sie in der letzten Woche Fehler gemacht hat.

Ich muss lernen. Lernen, Frauke!

Die Wörter passen nicht in ihren Kopf. Sie lassen sich nicht merken. Drei-, viermal versucht sie es schon.

Sie ist müde, legt den Kopf auf den Schreibtisch.

*

Ihre Mutter weckt sie. Es sind Gäste da, Herr und Frau Storm, Geschäftsfreunde ihres Vaters.

»Schön dich zu sehen. Tag, Frauke.«

»Wie dünn sie geworden ist!«

»Ich esse genug, aber es bleibt nichts hängen«, erklärt Frauke lächelnd.

Der Hummer schmeckt fantastisch. Frauke nimmt zwei Gabeln davon. Sie schluckt das Fleisch schnell herunter.

»Wie geht es in der Schule?«, fragt Frau Storm.

»Ausgezeichnet«, antwortet die Mutter, bevor Frauke etwas sagen kann.

»Schön, wenn man so ein Kind hat.« Herr Storm nickt Frauke zu.

»Kann man wirklich sagen«, der Vater hebt sein Glas, »es muss in der Familie alles stimmen, wenn ein Kind Erfolg haben will. Und Erfolg braucht ein Kind heute, sonst hat es keine Chance im Leben.«

Vati ist nicht besser als die anderen, denkt Frauke. Der will nur, dass er mich vorzeigen kann.

Sie hält sich an der Tischkante fest.

»Mir ist schlecht, darf ich gehen?«

»Geh nur, Schatz. Soll ich mitkommen?« Die Mutter steht auf, beugt sich zu Frauke herunter.

»Nicht nötig. Ich schaffe es schon.«

Frauke geht nach oben ins Bad.

Erbricht.

Heult.

*

Frauke sitzt am offenen Fenster, schaut hinaus auf die Stadt, hört die Autos. Es ist alles so laut.

Sie nimmt einen Zettel, prüft, ob alle Hausaufgaben gemacht sind. Holt das Biologiebuch hervor und liest das letzte Kapitel noch einmal.

Sie legt sich auf das Bett, versucht zu schlafen. Ihr Herz schlägt heftig. Sie will müde werden, springt auf, macht Kniebeugen, macht Liegestütze.

Dann legt sie sich wieder ins Bett. Nicht träumen. Nur tief schlafen können.

Noch einmal zehn Liegestütze. Pause. Dann noch

einmal fünf. Dann geht sie zur Toilette, versucht zu erbrechen.

Gut so! Ich bin stark. Ich werde ihnen zeigen, was ich kann.

Sie stellt sich vor den Spiegel, betrachtet sich aufmerksam.

Schmales Gesicht.

Flacher Bauch.

Trockene Haut.

Einssiebzig lang, sechsunddreißig Kilo schwer.

Zwei Kilo weniger, dann bin ich hundertprozentig. Noch zwei Kilo. Die werden sehen, wie stark ich bin.

»Schläfst du noch nicht?« Ihr Vater kommt in ihr Zimmer. »Frauke«, sagt er, »tu Mutti das nicht an. Die kann nicht mehr.«

»In Ordnung, Vati.«

»Bekommst du nicht alles von uns?«

»Es ist alles in Ordnung«, antwortet Frauke, »ich weiß gar nicht, was du immer willst.«

Ihr Vater steht mitten im Zimmer. Er steckt die Hände in die Hosentaschen. »Dann eben nicht. Ich laufe niemandem nach. Ich nicht!«

»Du hast zu viel getrunken.« Frauke zieht ihn aus ihrem Zimmer.

Sie ist müde und *niedergeschlagen*, kann nicht einschlafen.

Sie wollen mir alles geben, dabei wollen sie mich nur *kriegen*. Eine liebe Tochter, die den Besuch artig begrüßt.

niedergeschlagen, mutlos
kriegen, hier: haben

Kapitel 3

Fünfunddreißig Kilo. Ein halbes Kilo abgenommen. Gewonnen. Aber nicht ganz. Noch ein oder zwei Kilo.

Am nächsten Morgen wird Frauke nur schwer wach. Sie isst eine halbe Scheibe Brot, rennt zur Schule.

Nach der ersten Stunde läuft sie zur Toilette. Sie hat fünf Minuten Zeit. Dann kommt sie in den Klassenraum zurück und setzt sich hin.

Englisch.

Der Lehrer gibt die Klassenarbeit aus der letzten Woche zurück.

»Wohl zu viel ferngesehen«, sagt er zu Frauke, als er ihr das Heft reicht. »Du solltest mal ausschlafen.«

»*Mangelhaft*« steht in roter Schrift unter der Arbeit.

Das darf nicht wahr sein! Das ist nicht wahr. Der Englischlehrer hat meine Arbeit *vertauscht*. Ich habe alles hundert Mal gelernt. Der will mich fertig machen. Er kann mich nicht leiden.

Frauke geht Zeile für Zeile durch. In jeder hat sie mindestens einen Fehler.

*

»Du hast doch etwas!«, sagt ihre Mutter gleich, als Frauke die Schultasche abstellt.

»Es ist alles o. k.«

»Lüg nicht!«, sagt die Mutter scharf. »Was ist passiert?«

mangelhaft, mit sehr vielen Fehlern
vertauschen, auswechseln

Frauke lehnt sich gegen die Wand. Sie kann sich nicht mehr bewegen. Ihre Arme und ihr Rücken sind steif, ihr Mund ist trocken. Sie bekommt kein Wort heraus.

»Kind«, sagt die Mutter, »sag doch was.«

Frauke lässt sich an der Wand hinunter gleiten, legt sich auf den Boden. Die Mutter rennt in die Küche, holt ein Glas Wasser.

»Ich hab *eine »Fünf«* in Englisch. Der Englischlehrer ist nur sauer. Er hat meine Arbeit vertauscht.«

»Reg dich nicht auf, Frauke. Leg dich ins Bett.«

Ein Taxi bringt Frauke und ihre Mutter zu Dr. Maier, dem Hausarzt.

»Frauke ist wieder zusammengebrochen«, sagt die Mutter, lässt sich auf den Stuhl fallen und *stöhnt*.

»Was ist mit dir?«, fragt Dr. Maier *besorgt*.

»Nichts«, antwortet Frauke, »war wohl die Hitze.«

»Sie schafft die Schule nicht mehr!«, ruft die Mutter.

Dr. Maier untersucht Frauke, nimmt Blut ab. »Geh bitte auf die Waage.«

Frauke will sich erst anziehen, da schüttelt Dr. Maier den Kopf.

»Fünfunddreißigeinhalb.«

Er setzt sich hinter seinen Schreibtisch, schlägt in einem Buch nach, liest.

»Sie können sich nicht vorstellen, was ich mit Frauke durchmachen muss.« Die Mutter macht eine Pause.

eine Fünf, Meldung in Zahlen von 1 (am besten) bis 6 über die Qualität einer Arbeit
stöhnen, laut und klagend atmen
besorgt, beschützend

»Es ist fürchterlich. Sie können mir das glauben.«

»Migräne?«, fragt Dr. Maier. Die Mutter nickt.

»Sie müssen ihre Ruhe wieder finden. Das ist auch für Frauke wichtig«, sagt Dr. Maier. »Wir wollen es noch einmal zu Hause versuchen. Frauke bekommt eine Kalorientabelle und soll jeden Tag mindestens 1800 Kalorien zu sich nehmen.«

Er dreht sich zu Frauke um.

»Immer nur essen, essen, verstehst du, Frauke. Ein, zwei Wochen, dann ist alles wieder gut. Du musst es schaffen, sonst müssen wir dich in eine Klinik bringen.«

»Ich schaffe das schon«, sagt Frauke bestimmt.

»Schön.« Dr. Maier gibt ihr die Hand und nickt ihr zu.

»Meine Migräne!« Die Mutter stöhnt. »Ich halte das nicht mehr aus.«

Dr. Maier entschuldigt sich und eilt zum Schreibtisch und schreibt ein Rezept.

*

Zu Hause möchte Frauke gleich in den Garten, im Liegestuhl an nichts denken müssen.

»Geh ins Bett«, sagt ihre Mutter.

»Mutti! Ich bin nicht krank.«

»Ich werde dich schon gesund pflegen. Hab doch den Schwesternkurs mitgemacht. Du weißt doch, ich wollte Ärztin werden ... «

Eine halbe Stunde später bringt ihre Mutter einen Sahne*grießbrei*. Frauke dreht den Kopf zur Seite.

der Grießbrei, Essen für Babys

»Frauke!«

Frauke öffnet den Mund und lässt sich füttern. Es riecht nach Butter, es ist voll von Fett. »Es schmeckt *ekelhaft*.«

Die Mutter füllt den Löffel wieder, hält ihn hoch. Jedes Mal, wenn Frauke den Mund etwas öffnet, schiebt sie ein wenig Brei hinein.

»Was möchtest du heute Abend essen?«, fragt sie.

Frauke versucht ein Gericht zu finden, dass ihre Mutter mit Sicherheit nicht kochen wird.

»*Erbsensuppe*«, antwortet sie.

Die Mutter schluckt. »In Ordnung. Wenn es dir hilft.«

Sie ruft ihren Mann im Büro an, berichtet vom Arztbesuch und bittet ihn, Erbsensuppe mitzubringen.

Als der Vater kommt, bringt er Frauke die Suppe hoch. »Iss schön und denk nicht an Mutti oder mich. Wir schaffen es schon.«

Frauke nimmt den ersten Löffel, schluckt alles herunter. Bei jedem Löffel schließt sie die Augen.

»Iss schnell fertig!«, sagt der Vater und klopft ihr auf die Schulter.

Als er ihr Gute Nacht wünscht, küsst er sie auf die Stirn. »Mutti geht es schlecht. Sieh zu, dass du gesund wirst.«

»Mach endlich die Tür auf!«, brüllt die Mutter, drückt die *Klinke* herunter.

ekelhaft, sehr schlecht
die Erbsensuppe, einfaches, kräftiges Essen
die Klinke, siehe Zeichnung auf Seite 24

die Klinke

»Lass mich in Ruhe!«, schreit Frauke aus dem Badezimmer. Ihr Rücken schmerzt, sie kann sich kaum bewegen. Die Beine und Arme fühlen sich hart an.

»Kind! Kind! Werde wieder vernünftig!«

Frauke öffnet die Tür, geht in ihr Zimmer, lässt sich auf das Bett fallen.

Die Mutter stürzt auf Frauke zu. »Du kannst froh sein, dass ich Ahnung von Krankenpflege habe. Ich wollte immer schon ... «

Nein, nicht diese Geschichte. Nicht wieder, dass sie mal Ärztin werden wollte. Nicht diese Geschichte!

»Wir müssen Fieber messen.«

»Das mache ich allein, geh raus!«

Kaum ist die Mutter fort, springt Frauke aus dem Bett. Sie macht Liegestütze, Kniebeugen, zieht die Waage unter dem Bett hervor.

Fünfunddreißig Kilo.

Sie zieht die Decke über den Kopf, bekommt nicht mehr mit, wie die Zeit vergeht, bemerkt nur noch Mahlzeiten und Kontrollbesuche ihrer Mutter.

Kapitel 4

Soll sie sich umbringen. Entweder sie oder ich.
Soll sie sich doch umbringen.

Die Mutter kocht. Sie bringt die Mahlzeiten hoch.

Erstes Frühstück: Sahnegrießbrei, Butter und Traubenzucker.

Zweites Frühstück: Weißbrot, Käse, Milch.

Mittags: Kartoffel*mus* mit *Spargel* und Sahnesoße.

Nachmittags: Milch und ein Joghurt.

Abends: Milchreis mit Butter und Traubenzucker.

»Macht genau zweitausend Kalorien«, rechnet ihre Mutter stolz zusammen. »Damit *bist* du bald *über den Berg.*«

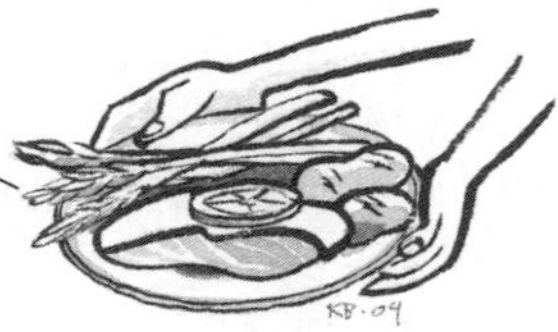

Frauke liegt wie tot auf dem Bett. Nur einmal schafft sie es, allein ins Bad zu gehen und zu erbrechen.

Sie freut sich auf die Nacht, wenn die Mutter sie nicht kontrollieren kann.

Tagsüber schläft sie, nachts macht sie, was sie will. Dann macht sie Liegestütze und zieht immer wieder die Waage unter dem Bett hervor.

Vierunddreißigeinhalb Kilo.

Es geht aufwärts, denkt sie. Noch ein Kilo weniger, dann habe ich es geschafft.

*

Von unten hört sie die Eltern streiten. Eine Tür wird zugeschlagen, jemand läuft die Treppe hinauf.

»Bleib hier! Lass Frauke in Ruhe!«, ruft der Vater.

»Du kümmerst dich ja nicht um sie! Spielst nur den

der Mus, Püree mit etwas Milch oder Butter zubereitet
über den Berg sein, hier: gesund sein

lieben Vater.«

Die Mutter weint laut.

Warum können sie mich nicht in Ruhe lassen? Frauke will schlafen, nicht nachdenken müssen.

Sie *spürt* die Hand ihrer Mutter an der Stirn.

»Frauke«, sagt sie leise, »Frauke, tu uns das nicht an! Mach uns nicht unglücklich.«

Frauke hält die Luft an.

»Ich tu mir was an«, flüstert die Mutter, »ich halte das nicht mehr aus.«

Am Morgen isst Frauke das Frühstück, auch das zweite. Mittags löffelt sie die Suppe. Ich tu mir was an, hört sie immer wieder die Mutter sagen.

»Morgen gehe ich wieder zur Schule«, sagt Frauke abends ihrem Vater.

*

In der Schule setzt Frauke sich an ihren gewohnten Platz.

»Alles klar?«, fragt Sabine, ihre Nachbarin.

»Lass mich!«, antwortet Frauke.

Die Deutschlehrerin kommt in den Klassenraum, wartet, bis die Schüler still sind, begrüßt sie und fängt mit dem Stoff an.

Frauke kommt es vor, als habe sie das schon tausendmal gehört.

Es geschieht nichts in der Schule. Wenn man ein paar Tage fehlt, merken die anderen nichts und man selbst

spüren, fühlen

merkt auch nichts. Die Zeit steht still.

Ohne etwas zu sagen, verlässt Frauke den Klassenraum, geht zur Toilette, sitzt einige Minuten später wieder neben Sabine und schreibt mit.

Im Umkleideraum der Sporthalle riecht es. Frauke atmet nur durch den Mund.

»Was bist du mager!«, sagt Sabine.

»Zwei Runden laufen!«, ruft die Sportlehrerin.

Frauke rennt los. Nach dreihundert Metern werden ihr die Beine schwer, die Seiten schmerzen.

Weitermachen.

Nicht nachgeben.

Nicht aufhören.

Fraukes Beine bewegen sich wie eine Maschine, die man nicht mehr anhalten kann. Die zweite Runde ist beinahe um.

»Endspurt«, ruft die Sportlehrerin.

Schluss.

Frauke läuft weiter. Sie kann nicht mehr aufhören. Ihr Körper schmerzt, im Kopf *dröhnt* und klopft es. Schule und Sportplatz verschwinden. Sie *kippt um*. Dann wird es warm um sie herum.

Dunkel.

*

»Frauke!«

Frauke öffnet die Augen.

»Was ist passiert?«, fragt sie verwirrt.

dröhnen, lärmen
umkippen, umfallen

»Bist wieder umgekippt«, antwortet ihre Mutter, »du machst uns Sorgen, Kind.«

Sie legt etwas Kaltes auf Fraukes Stirn.

»Wo bin ich?« Frauke schaut sich unsicher um.

Ihre Mutter hält ihr einen Becher hin. »Honigtee«, erklärt sie, »damit du wieder zu Kräften kommst.«

Frauke *zittert* am ganzen Körper.

»Bin ich zu Hause?«, fragt sie und hat sofort Angst vor der Antwort.

Ihre Mutter lächelt.

Bald darauf kommt Dr. Maier und untersucht Frauke.

»Ich will in ein Krankenhaus«, bittet Frauke, »ich bin krank.«

»Hier geht es dir viel besser!«, sagt ihre Mutter. »Du bekommst, was du willst.«

Dr. Maier redet auf die Mutter ein, fragt noch einmal, wie alles gekommen sei.

»Ich kann mir nicht erklären, warum sie diese Krankheit hat«, sagt die Mutter.

»Es wird am besten sein, wenn sie in einer Klinik untersucht wird«, sagt Dr. Maier. »Es muss aber eine Spezialklinik sein! Ich werde nach einer suchen.«

Kapitel 5

Nur weg von ihnen.
Nur nicht wieder zu Hause im Bett liegen.
Ich will sie nicht mehr sehen.

Sie fahren über eine breite Landstraße aus der Stadt,

zittern, sehr schnelle kleine Bewegungen machen

biegen in einen Nebenweg ein. Auf dem Schild steht: Hochtal-Klinik.

Der Vater parkt direkt vor dem Eingang.

»Willst du wirklich?«, fragt die Mutter ihre Tochter. »Noch können wir umdrehen.«

»Ich bin krank«, antwortet Frauke.

»Ach, Dr. Maier, der dramatisiert alles! Sag du doch was!« Die Mutter sieht ihren Mann an.

Der Vater sagt nichts. Er steigt aus. Frauke folgt ihm.

»Sie möchten in unserer Klinik behandelt werden?«, fragt Dr. Scholl und sieht Frauke über seine Lesebrille an.

Frauke nickt.

»Sie wissen, welche Art Krankenhaus die Hochtal-Klinik ist?«

»Ja«, sagt der Vater schnell, bevor jemand anderes antworten kann, »Herr Dr. Maier hat uns über alles informiert.«

Dr. Scholl beugt sich zu Frauke herüber.

»Wissen Sie es auch?«

»Ja, eine *Klapsmühle*.« Frauke sagt das ganz neutral. »Soll mir recht sein. Ich möchte gern in der Klinik bleiben.«

Die Mutter atmet schwer, hustet, bittet um ein Glas Wasser.

Fast eine Stunde noch müssen die Eltern und Frauke warten, bevor sie zu einem Aufnahmegespräch mit der Ärztin kommen. Die Mutter *hockt* auf einem Stuhl, der Vater geht auf dem Flur auf und ab. Frauke steht am

die Klapsmühle, psychiatrisches Krankenhaus
hocken, hier: sitzen

Fenster und blickt hinaus.

Ich will nur weg von ihnen, denkt sie. Nie wieder zu Hause im Bett liegen und Mutti neben mir. In einer Klapsmühle kann ich machen, was ich will. Ich will, was ich will.

*

Die Ärztin bittet die drei hinein. Sie stellt Fragen über Fragen und notiert die Antworten.

»Ist es denn wirklich notwendig, dass Frauke hier in der Klinik behandelt werden muss?«, fragt die Mutter plötzlich.

»Wenn es ihr hilft«, antwortet der Vater schnell.

Die Mutter springt auf. »Du machst es dir einfach. Du kommst abends nach Hause und spielst den lieben Vater. Du hast deine Ruhe und ich muss Frauke erziehen.«

Die Ärztin notiert wieder. »Warum sind Sie eigentlich zu uns gekommen«, fragt sie und schaut einen nach dem anderen an.

»Ich bin krank und zu Hause *haut* es nicht mehr *hin*«, antwortet Frauke.

»Weil Frauke zusammengeklappt ist«, antwortet ihre Mutter.

»Warum ist sie zusammengeklappt?«

Die Eltern sehen sich an, sagen nichts.

»Sie glauben, ich esse zu wenig«, sagt Frauke.

»Ja, das wird es wohl sein«, sagt der Vater.

»Muss Frauke dabei sein, wenn wir das besprechen?«, fragt die Mutter.

*

hinhauen, funktionieren

Frauke hört die Ärztin reden mit den Eltern reden. Sie versteht nicht, was sie sagen.

Sie betrachtet ihre Eltern. Sie sieht das verheulte Gesicht der Mutter, das unsichere Gesicht des Vaters. Sie möchte von den Sonntagnachmittagen erzählen, von den Streitereien.

Das, was die Eltern jetzt der Ärztin sagen, stimmt mit keinem Wort. Sie sind nicht die *tolle* Familie, die sonntags immer etwas unternimmt. Sie lügen, wenn sie jetzt lächeln und sagen, dass sie bereit sind, eine Familientherapie zu machen.

»Ich verstehe schon«, sagt der Vater, »Frauke muss eine neue *Beziehung* zu uns finden.«

»Es ist das Beste«, sagt die Ärztin, »dass Sie sich eine Zeit nicht sehen. In den ersten Wochen soll Frauke keinen Kontakt zu Ihnen haben. Frauke muss sich erst einmal finden.«

»Nie im Leben«, sagt die Mutter, »sie ist meine Tochter, ich kann zu ihr, wann ich will!«

Frauke nimmt ihre Reisetasche. »Kann ich gehen?«

»Wir werden es schaffen«, sagt die Ärztin und begleitet die Eltern hinaus. Sie sehen sich nach ihrer Tochter um.

Frauke geht Schritt für Schritt in die andere Richtung. Sie würde am liebsten weglaufen.

Jetzt ist alles vorbei, denkt sie. Ich bin in einem Gefängnis gelandet.

Das Zimmer mit den dunkelgrünen Wänden sieht eng und kalt aus. Frauke wirft sich auf das Bett. Es ist vollkommen ruhig.

toll, fantastisch
die Beziehung, Kontakt

Sie macht die Augen zu, ist zufrieden mit sich, denkt: Ich habe keinen Hunger.

*

»Ich bin Jürgen. Ich mache die Nachtwache hier«, stellt sich ein junger Mann vor, »wenn etwas sein sollte, kannst du zum Team-Zimmer kommen, am Ende der Station.«

Frauke rührt sich nicht, als der junge Mann sie anspricht. Sie starrt an die Wand.

»Möchtest du fernsehen?«, fragt er.

»Danke. Ich bin müde.«

»Gute Nacht.« Jürgen zieht die Tür leise hinter sich zu, öffnet sie dann noch einmal: »Ist alles in Ordnung?«

»Sicher«,antwortet Frauke, »mir geht es gut.«

Dann ist sie allein.

Frauke reißt die Augen auf. Sie erschrickt. Es ist dunkel um sie herum. Sie weiß nicht, wo sie ist. Sie möchte laut nach jemandem rufen, weiß aber nicht nach wem.

Vorsichtig steigt sie aus dem Bett, geht herum, die Arme weit ausgestreckt. Sie dreht sich langsam um.

Krankenhaus.

Das grüne Zimmer.

Mein kleines Gefängnis.

Gott sei Dank.

Einen Augenblick hat sie geglaubt, sie sei zu Hause.

Sie träumt.

Ihre Eltern sind mit ihr *eingesperrt*. Ihre Mutter redet

einsperren, gefangen setzen

auf sie ein, weint, stöhnt, zieht sich an den Haaren. Der Vater sieht nicht hin, bemerkt die beiden gar nicht. Die Ärztin *beobachtet* alles durch ein kleines Fenster und schreibt etwas auf. Der Traum will nicht aufhören. Er beginnt wieder von vorn: immer der gleiche Traum.

Kapitel 6

Weitermachen. Nicht nachgeben.
Nicht aufhören. Mich kriegen sie nicht.

Am nächsten Morgen beginnen die Untersuchungen. Zuletzt kommt das Gespräch mit der Ärztin.

»Warum hungerst du?«

Frauke redet sich heraus. Sie habe einfach keinen Hunger.

»Wann hat das begonnen?«

»Vor gut einem Jahr«, antwortet Frauke.

»Wirklich erst vor einem Jahr?«

»Sicher.«

Frauke hat plötzlich Angst. Es ist viel länger her. Eigentlich so lange, wie sie sich erinnern kann.

»Warum kommst du mit deinen Eltern nicht zurecht?«

»Ich komme mit ihnen zurecht. Es haut nur einfach nicht mehr hin.«

»Geht es etwas genauer?«, fragt die Ärztin.

»Nein«, antwortet Frauke.

»Ich möchte genau wissen, wie du hungerst. Erklär mir,

beobachten, aufmerksam betrachten

wie das geht.«

»Es geht automatisch«, sagt Frauke, »ich kann nichts dagegen tun.«

»Weißt du, was *Anorexia nervosa* ist?«

»Nein«, antwortet Frauke.

»Eine Krankheit, wo die Patienten nicht essen wollen. Zehn Prozent von diesen Patienten sterben daran.«

»Muss eine ziemlich blöde Krankheit sein!« Frauke lacht. Sie will ihren Schrecken nicht zeigen, schaut aus dem Fenster.

Du kommst nicht an mich heran, denkt sie. Ich sage dir nichts. Ich soll essen, das ist alles. Diese Klinik. Das ist ein Ess-Gefängnis.

»Was glaubst du, woher diese *Magersucht* kommt, Frauke?«

»Weiß nicht. Wissen Sie es nicht?«

»Es gibt verschiedene Theorien darüber«, antwortet die Ärztin, »einige meinen, dass diese Mädchen Angst haben, Frau zu werden. Andere sagen, das hat etwas mit der Familie zu tun.«

»Was meinen Sie?«

»Ich bin unsicher.«

»Sie wollen es mir nicht sagen!«

»Glaubst du das?« Die Ärztin blickt Frauke an. »Was ist eigentlich mit deiner Familie, Frauke?«

»Ach die!« Frauke hebt den Kopf. »Die ist ganz in Ordnung.«

Anorexia nervosa, krankhafte Essstörung mit starkem Verlangen abzunehmen
die Magersucht, krankhafte Essstörung mit starkem Verlangen abzunehmen

Mehrmals kommen am Nachmittag Krankenschwestern und Patienten zu ihr. Sie stellen Fragen, wollen sie zu einem Spaziergang abholen.

Frauke ist froh, dass niemand mit ihr auf dem Zimmer liegt. Sie kann unbeobachtet zur Toilette gehen und in aller Ruhe erbrechen.

Mich kriegen sie nicht, denkt sie. An mich kommt niemand heran.

*

Liebe Sabine, schreibt sie auf ein kleines Blatt Papier, *es geht mir gut. Grüße alle von mir. Ich denke an euch und mache mir Sorgen, den Unterricht zu versäumen. Auf keinen Fall will ich sitzen bleiben. Kannst du mir die Hausaufgaben schicken? Herzliche Grüße, Deine Klassenkameradin Frauke.*

Sie sitzt vor ihrem Brief und verbessert Fehler.

Dann zerreißt sie das Blatt.

Sie ist müde und ganz allein.

Abends geht sie in den Speisesaal und holt ihr Essen - siebenhundertachtzig Kalorien. Sie geht selbstsicher durch den großen Saal, dann durch den Seitenausgang nach oben in ihr Zimmer. Sie stellt das Tablett auf den Tisch.

Langsam schneidet sie eine Scheibe Brot klein, isst die Stückchen auf und trinkt Orangensaft.

Es fällt ihr leicht zu erbrechen. Sie spürt keinen Hunger.

*

Frauke geht durch den Flur. Das Team-Zimmer am Ende der Station ist leer. Das Telefon steht auf dem Tisch. Sie geht näher heran, hebt den Hörer ab, wählt.

Ihr Vater meldet sich.

»Wie geht es?«

»Frauke!« Die Stimme des Vaters hört sich froh und erleichtert an. »Schön, dass du dich meldest. Bist du untersucht worden? Was machst du?«

»Ich sitze meine Zeit ab«, antwortet Frauke.

»Musst du das sagen, Kind? Willst du nicht vernünftig werden? Wir haben uns immer gut verstanden. Du würdest uns helfen, wenn du ... «

Frauke hält den Hörer vom Ohr weg, versteht nicht mehr, was ihr Vater sagt. Sie legt den Hörer auf. Vati ist wie immer.

*

»Schläfst du schon?«

Frauke liegt auf dem Bett. Sie rührt sich nicht. Nach einer Weile kommt Jürgen vorsichtig näher. »Schläfst du schon?«

»Jetzt nicht mehr!«, ruft Frauke wütend. Sie zittert. Sie möchte schreien. Sie möchte alles aus sich herausbringen. Jeder soll wissen, was mit ihr ist.

Jürgen steht ganz still neben ihr.

»Hilf mir doch.«

»Gar nicht so einfach«, antwortet Jürgen.

»Ich habe meine Eltern angerufen.«

»Wie war es?«

»Wie immer«, antwortet Frauke und beginnt zu weinen. »Mutti tut sich was an.«

»Wie kommst du darauf? Hat deine Mutter das gesagt?«

»Ich will sie nicht mehr sehen. Ich will weg. Irgendwohin.«
»Wo liegt denn das?«
»Nimm mich einmal ernst! Ich will mich, verstehst du? Ich will mich!«

Jürgen erschrickt. »Um Himmels willen! Wo hast du denn das gelesen?«
Er nimmt Frauke mit auf das Team-Zimmer, holt ein Kartenspiel aus dem Schrank. Er teilt die Karten aus.

Kapitel 7

Knapp dreiunddreißig Kilo. Ich brauche niemanden.
Ich brauche nur mich.

»Du wiegst knapp dreiunddreißig Kilo, Frauke«, sagt die Ärztin einige Tage später. »Noch ein oder zwei Kilo weniger, dann ist es aus.«
»Ich fühle mich aber gesund. Und statt hier herumzusitzen, sollte ich für die Schule lernen. Ich habe nicht so viel Zeit.«
»Warum hast du keine Zeit?«, fragt die Ärztin.
»Ich habe eben keine.«
»Du möchtest zur Schule?«
Frauke *bemüht* sich, sicher zu wirken.
»Möchtest du zu deinen Eltern?«
»Warum nicht«, antwortet Frauke.

Reiß dich zusammen Frauke, denkt sie. Lass dich nicht von ihr fertig machen. Ich schaffe es allein. Ich brauche

sich bemühen, sich anstrengen

niemanden. Ich brauche nur mich.

»Hast du Angst, Frauke?«

»Sie wollen mich rumkriegen, damit ich wieder normal werde und esse.«

»Ich will nichts von dir, gar nichts.«

»Sie lügen!«, ruft Frauke. »Entschuldigung«, flüstert sie. »Ich wollte das nicht sagen.«

»Du brauchst dich nicht zu entschuldigen«, sagt die Ärztin.

Sie beobachtet, wie Frauke zittert. »Du darfst kein Gramm mehr abnehmen. Du bringst dich in große Gefahr. Ich schlage dir einen *Vertrag* vor, an den wir uns beide halten müssen.«

»Sie sind wie ein Geschäftsmann«, antwortet Frauke nur.

»Bis Montag nimmst du ein halbes Pfund zu, dann jede Woche ein Pfund mehr. Wir geben dir Spezialnahrung, damit du es schaffst. Das ist Punkt eins. Wir haben keine Lust und keine Zeit, mit jemandem zu arbeiten, der vor Hunger nicht mehr denken kann.«

»Das meinen Sie doch nicht im Ernst!«

»Sicher. Wenn du achtunddreißig wiegst, kannst du an allen Therapien teilnehmen. Das ist Punkt zwei.«

»Das ist ein Trick«, ruft Frauke, »wenn ich achtunddreißig wiege, schicken Sie mich nach Hause.«

»Wir schicken dich nicht gegen deinen Willen nach Hause. Du musst dich aber an den Vertrag halten.«

Frauke überlegt einen Augenblick.

»In Ordnung, Chef«, antwortet sie dann. Die Ärztin reicht Frauke die Hand. Frauke drückt fest zu.

der Vertrag, Kontrakt

*

Frauke geht pünktlich zu den Mahlzeiten. Sie isst fast 3000 Kalorien pro Tag. Jedes Mal geht sie danach zur Toilette und erbricht.

Dann setzt sie sich an den Tisch, liest, lernt. Sobald jemand kommt, wirft sie sich auf das Bett und tut als ob sie schläft.

Sie spricht wenig mit den anderen Patienten und dem Personal. Nur einmal geht sie abends ins Team-Zimmer, sieht fern, schläft beinahe dabei ein.

Nach drei Tagen wiegt die Ärztin Frauke wieder.

»Dreiunddreißig Kilo.«

Frauke glaubt ihr nicht. »Ich esse dreitausend Kalorien pro Tag. Da können Sie mir nicht erzählen, dass ich abnehme.«

»Das ist kein Problem, Frauke, wenn man erbricht und Sport treibt. Schläfst du nachts? Treibst du heimlich Sport?«

Frauke verneint.

»Dann beginnen wir heute mit der künstlichen Ernährung«, sagt die Ärztin kurz.

*

Im Behandlungszimmer drückt die Ärztin Fraukes Kopf vorsichtig nach hinten. Sie schiebt einen *Schlauch* durch Fraukes Mund.

Frauke hat Angst. Den Schlauch spürt sie nicht, nur einen leichten Druck im Hals.

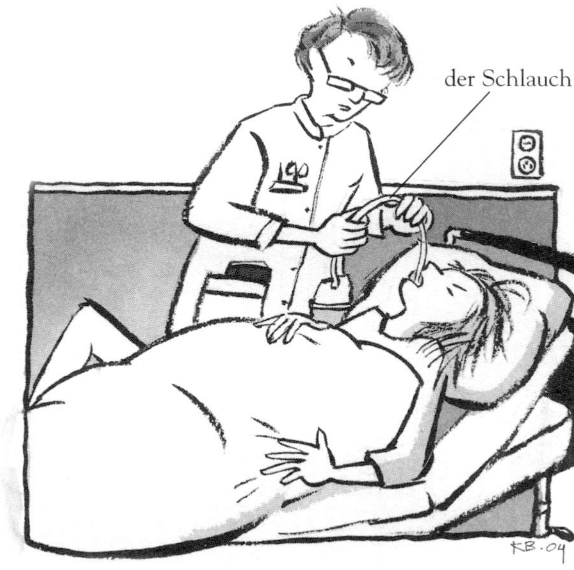

Frauke wird gefüttert wie ein Baby. Jeden Morgen muss sie auf die Waage. Jeden Morgen ist die Ärztin zufriedener.

Das Stationspersonal achtet darauf, dass Frauke regelmäßig überwacht wird, dass sie sich nicht zu viel bewegt.

Frauke lässt die künstliche Ernährung über sich ergehen. Sie schläft traumlos und schwer. Beim Aufwachen schmerzt ihr der Kopf. Je mehr sie zunimmt, umso schlechter fühlt sie sich.

Jedes Gramm ist ein Stück weniger von mir, schreibt

sie auf einen Zettel. Ein paar mal versucht sie zu erbrechen, schafft es nicht. Sie versucht, Liegestütze zu machen, ist zu müde, muss sich ins Bett legen.

Kapitel 8

Nicht aufgeben, Frauke. Stark werden.
Hör nicht auf, Frauke.

»Frauke, du hast Besuch!«

»Erzähl kein dummes Zeug!«

»Das stimmt«, sagt Jürgen, »zwei Mädchen aus deiner Klasse.«

Jemand klopft an die Tür. Frauke dreht sich im Bett um.

»Tag, Frauke!«

»Birgit! Sabine! Wie kommt ihr hierher?«

»Durch die Tür«, antwortet Birgit und überreicht Frauke Blumen.

»Toll!« Frauke zittert etwas. »Wie seid ihr auf die Idee gekommen, mich zu besuchen?«

»Einfach so«, antwortet Sabine, »wegen früher. Ist doch komisch, wenn du im Krankenhaus liegst und niemand kümmert sich um dich.«

»Ja«, sagt Frauke langsam. Sie schließt die Augen.

Alle drei wollen reden, erzählen. Niemand will den Anfang machen.

»Wir haben dir Arbeitsblätter mitgebracht«, sagt Birgit schließlich und legt die Papiere auf den Tisch. »Alle hoffen, dass du bald wieder zurück bist. Wir warten auf dich.«

»Wie seid ihr eigentlich hergekommen?«

»Also«, beginnt Sabine, »deine Eltern haben uns hergefahren. Sie warten auf dem Parkplatz. Wink ihnen oder geh zu ihnen runter.«

Frauke schüttelt den Kopf.

»Deiner Mutter geht es schlecht. Da haben wir es eben gemacht«, sagt Sabine. »Letzte Woche war deine Mutter dreimal in der Schule. Sie meint, der Englischlehrer ist Schuld an deiner Krankheit.«

»Ich muss jetzt schlafen«, sagt Frauke niedergeschlagen.

»Willst du nicht wenigstens ans Fenster kommen? Wenn deine Eltern dich nicht sehen, machen sie uns hinterher im Auto verrückt.«

»Du kannst ihnen sagen, es geht mir gut! Lasst mich jetzt endlich allein!«

Birgit und Sabine verabschieden sich nicht, als sie das Zimmer verlassen.

*

»Telefon für dich«, ruft Jürgen.

»Wer?«

»Die Freundin von eben. Die hat etwas vergessen.«

Frauke nimmt den Hörer in die Hand.

»Wie geht es dir, Kind?« Die Mutter weint. »Ich habe es nicht mehr ausgehalten, musste dich anrufen. Seit zwei Wochen habe ich nichts von dir gehört. Wir machen uns Sorgen!«

Frauke stellt sich das Gesicht ihrer Mutter vor.

»Es geht mir gut, Mutti, es geht mir besser.«

»Wirklich, Frauke? Und wie viel wiegst du?«, fragt die Mutter.

»Ich weiß nicht«, antwortet Frauke, legt auf und geht fort.

»Ich soll keine Anrufe und keinen Besuch bekommen«, brüllt sie Jürgen an. »Warum hast du sie kommen lassen?«

»Aber Frauke! Deine Freundinnen .... «

»Meine Eltern haben sie geschickt. Die am Telefon war meine Mutter!«

»Mensch!«, ruft Jürgen wütend. »Die sind schlau!«

Kapitel 9

Ich will mich - ich will mich!
Ich habe Hunger – ich lebe.

»Glückwunsch!« Die Stimme der Ärztin ist froh. »Achtunddreißig Kilo! Damit können wir die künstliche Ernährung beenden.«

Frauke bewegt sich nicht. Ihr Gesicht ist blass. Sie spürt die fünf Kilo nicht, die sie in den letzten Tagen und Wochen zugenommen hat. Sie sieht sich im Spiegel an. Sie hat sich daran gewöhnt, zwei Personen zu sehen. Eine, das ist die alte magere Frauke. Die andere, das ist die dicke Frauke.

»Schön, dass du es geschafft hast«, sagt die Ärztin, »mach weiter so. In einer Woche wirst du vierzig Kilo wiegen. Und ab fünfundvierzig kann der Besuch kommen.«

Frauke möchte am liebsten, dass die Ärztin sie allein lässt.

»Was ist los? Freust du dich nicht, Frauke?«

»Alles in Ordnung«, sagt Frauke schnell.

»Na, also! Wir können mit der Therapie beginnen. Wenn alles gut geht, siehst du bald deine Eltern wieder.«

»Ja?«, fragt Frauke, »aber das muss nicht sein. Ich schaffe das auch allein.«

Kaum ist die Ärztin aus dem Zimmer, setzt Frauke sich an den Tisch, schreibt: Ich will mich - ich will mich!

Nach so vielen Tagen isst Frauke zum ersten Mal wieder. Sie hat einen Teller vor sich stehen, nimmt Messer und Gabel in die Hand, schneidet, kaut, schluckt.

Es ist ihr, als müsse sie wie ein kleines Kind wieder essen lernen. Alles fällt von der Gabel. Die anderen Patienten essen schnell und unterhalten sich.

Frauke will nicht, dass ihr jemand zusieht. Sie sitzt allein in einer Ecke an einem kleinen Tisch. Sie spürt, wie der Magen gegen die Speisen rebelliert. Sie spürt den sauren, bitteren Geschmack im Mund. Sie schluckt trotzdem und probiert dann vom Dessert.

Nur raus hier, denkt sie. Keinen Tag länger bleiben als nötig. Ich habe meine Kilos zusammen. Ich kann doch jederzeit gehen. Kann in einer Minute fort, wenn ich will.

*

»Überraschung!« Eine Krankenschwester öffnet die Tür, schiebt eine Frau etwas vor.

Das darf nicht wahr sein, denkt Frauke. Das gibt es doch nicht. Diese Frau braucht bestimmt zwei Stühle, wenn sie sich setzen will. Sie passt gerade durch die Tür.

»Guten Tag«, grüßt die junge Frau und hält Frauke die Hand hin. »Ich heiße Hanna.«

»Das ist Frauke, Ihre Zimmerkollegin«, stellt die Krankenschwester Frauke vor.

Frauke starrt die Wand an.

Sie bemerkt nicht, dass Hanna ihren Koffer auspackt, sich umzieht, in einer Zeitung liest.

Die soll auf mein Zimmer. Nie im Leben. Die sind verrückt! Sie ist dick, ekelhaft dick. Ich habe keine ruhige Minute mehr. Sie wird Tag und Nacht darauf achten, dass ich esse, dass ich mich nicht zu viel bewege. Ich soll wohl so dick werden wie diese *Tonne*. Nie im Leben!

*

»Du wolltest mich um etwas bitten?«, fragt die Ärztin Frauke.

»Ich halte das nicht aus - diese Frau in meinem Zimmer.«

»Du hältst es nicht aus?«

»Genau.«

»Hast du eine Begründung dafür?«

»Ich will meine Ruhe«, antwortet Frauke.

»Es bleibt dabei, Frauke«, sagt die Ärztin. »Du musst lernen, mit anderen zusammenzuleben. Die Klinik ist kein Hotel. Hier wird gearbeitet.«

Kaum hat die Ärztin das Zimmer verlassen, stellt Frau-

die Tonne, hier: sehr dicke Frau

ke einen Stuhl ans Fenster und steigt darauf. Sie legt sich die Gardinenschnur um den Hals, *knotet* sie mehrmals zusammen. Die Schnur fühlt sich kalt an.

Es ist nur ein kleiner Schritt.

Sie lässt sich nach vorne fallen, kommt auf den Knien auf. Die Gardinenschnur ist abgerissen.

Frauke bleibt auf dem Boden liegen. Sie kann nicht weinen.

Als Hanna ins Zimmer kommt, tut Frauke als ob sie schläft.

knoten, fest zusammenbinden

Kapitel 10

Wenn etwas aus uns werden soll,
müssen wir ehrlich zueinander sein

»Frauke! Frauke! Hilf mir!« Hanna *rüttelt* Frauke wach.

»Was ist denn los?« Frauke ist ärgerlich und schiebt Hannas Hand zur Seite.

»In unserem Zimmer ist eine *Taube*.«

»Na und?« Frauke macht das Licht an.

Hanna hält die Hand vor den Mund, geht vorsichtig zurück. »Da!«, ruft sie *entsetzt*, da ist sie.«

Mitten im Zimmer trippelt eine graublaue Taube. Sie bewegt den Kopf aufgeregt.

rütteln, heftig schütteln
entsetzt, erschrocken

»Treib sie heraus!«, ruft Hanna und verschwindet im Badezimmer.

Frauke beugt sich vor, streckt die Hand nach der Taube aus, lockt sie heran.

»Komm, du kleine Taube«, flüstert sie, »komm auf meine Hand.«

»Ist sie fort?« Hannas Stimme klingt ängstlich.

Frauke öffnet die Badezimmertür und sieht, wie Hanna neben der Toilette hockt.

»Mach sofort die Tür zu!«, schreit sie.

»Sie tut doch niemandem etwas.«

»Mach endlich!«

Frauke würde am liebsten lachen.

»Ich halte es nicht aus«, sagt Hanna leise.

»Hast du was gegen Vögel?«

»Bitte, Frauke!«

Frauke nimmt ein Handtuch und versucht es über die Taube zu werfen. Die Taube fliegt auf den Tisch, fliegt über sie hinweg, berührt die Wand und fliegt aus dem Zimmer.

»Sie ist weg!«, sagt Frauke.

»Schließt du das Fenster?«

»Auch das noch!«

Frauke legt sich wieder ins Bett. Sie möchte Hannas Atem hören. Sie wünscht sich, dass Hanna nach ihr ruft. Vorsichtig geht sie zur Badezimmertür, presst das Ohr gegen die Wand.

»Hanna?«

Hanna antwortet nicht.

»Ist dir schlecht?«, fragt Frauke etwas lauter und öffnet

die Badezimmertür.

»Ist das Fenster geschlossen?«, fragt Hanna ängstlich.

»Ja! Die Taube ist längst draußen. Komm und leg dich wieder ins Bett.« Frauke beugt sich zu Hanna und berührt ihre Schulter.

Hanna beginnt zu weinen. Sie legt sich auf den Boden, heult, hält sich ein Handtuch vor das Gesicht.

»Ich habe schreckliche Angst! Bei Tauben und so. Ich habe Angst, die hacken mir die Augen aus.«

»Bist du deswegen hier?«

»Nein.« Hanna schlägt mit der Hand auf ihren Bauch. »Ich bin hier, weil ich zu fett bin.«

Beide sitzen im Dunkeln am Tisch.

»Geht es dir besser?«, fragt Frauke.

»Gut, dass du mit mir in einem Zimmer wohnst. Sonst hätte ich bis morgen früh im Badezimmer hocken müssen.«

Frauke muss lachen.

»Warum bist du in der Klinik, Frauke?«

»Anorexia nervosa.«

»Donnerwetter. Und ich habe die *Fresssucht*!«

»Was?« Frauke starrt sie ungläubig an. »Du hast ... «

»Ich fresse, pausenlos. Ich kann gar nicht damit aufhören.«

*

Frauke geht ins Bad und schließt hinter sich ab. Sie lässt kaltes Wasser über ihre Hände laufen. Mehrmals

die Fresssucht, krankhafte Essstörung mit starkem Verlangen, die ganze Zeit zu essen

steckt sie den Finger in den Mund, zieht ihn aber jedes Mal wieder zurück.

Ich habe nicht länger Angst, sagt Frauke leise. Sie geht wieder in das Zimmer.

Hanna stellt sich vor sie.

»Ich bin hässlich!«

»Nein, Hanna, ein bisschen zu dick, ja, aber nicht hässlich.« Frauke sagt es freundlich.

»Doch«, sagt Hanna, »wir müssen ehrlich zueinander sein. Ich bin hässlich. Fühl doch! Fetthaut. Manchmal denke ich, dass ich überhaupt keine Frau mehr bin. Ich bin einfach nur ein Ding, verstehst du? Nur ein Ding, das atmet und frisst.«

»Quatsch.« Frauke schaut sie an. »Du musst nur drei Wochen lang nichts essen, dann ... «

»Alles schon versucht. Frag meinen Mann! Du brauchst mir nichts über Diät oder Fasten erzählen. Das hilft nichts.«

»Musst du denn essen? Kannst du nicht einfach weniger essen?«

»Es liegt nicht am Essen«, sagt Hanna, »es ist etwas anderes.«

Kapitel 11

Ich soll nach Hause kommen, damit sie ihre Ruhe haben.
Ich will nicht. Das ist alles.

Morgens um neun Uhr bittet die Ärztin Hanna und Frauke zum Gruppengespräch. Sechs Patienten sitzen in einem Kreis um einen Stuhl.

»Stellt euch bitte den anderen vor«, bittet die Ärztin und führt zuerst Frauke in die Mitte.

Frauke nennt ihren Namen, ihr Alter.

»Warum bist du hier?«, fragt einer sofort.

»Anorexia nervosa«, antwortet Frauke kurz.

»Wieso, das verstehe ich nicht«, ruft ein anderer.

Frauke antwortet nicht. Hanna lächelt ihr zu.

Die Patienten nennen ihre Namen und ihr Alter und fragen Frauke aus.

»Wie lange bist du schon hier?«, fragt eine.

»Es können vier Wochen sein«, antwortet Frauke unsicher. Sie ist erschrocken darüber, dass sie die Tage nicht gezählt hat.

»Warum möchtest du zu uns in die Gruppe?«

»Ich will gar nicht«, antwortet Frauke, »die Ärztin meint, wir sollten ... «

»Du willst nicht zu uns?«, fragt eine Frau. »Hast du Angst, Frauke? Warum willst du nicht in die Gruppe?«

»Was willst du von dir nicht erzählen?«, fragt ein anderer.

»Du willst nicht mit uns reden, stimmt das? Du weißt mit dir selbst nichts anzufangen!«

Das sind Fragemaschinen, denkt Frauke. Die machen andere Menschen fertig. Die freuen sich, wenn sie mich ausfragen dürfen.

Die Ärztin lässt alle reden, notiert ab und zu etwas.

»Hanna, machen Sie weiter?«

»Nein«, antwortet Hanna. »Ich erzähle nicht jedem Menschen meine Geschichte.«

»Wir sind nicht jeder!«, ruft ein Patient. »Wir helfen uns gegenseitig, damit wir besser klarkommen.«

»Schon möglich«, sagt Hanna, »aber mir hilft das nicht!«

Frauke hört nicht mehr hin. Sie spielen mit uns, denkt sie. Sie sind nicht ehrlich und wollen von uns, dass wir ehrlich sind. Aber ich sage ihnen kein einziges Wort.

»Geht es dir schlecht, Frauke?«, fragt Hanna, als sie miteinander aus dem Zimmer gehen.

»Es geht nicht mehr in meinen Kopf hinein, die Gruppe, die Klinik, dich, mich. Ich glaube, mein Kopf ist zu klein.«

»Donnerwetter«, sagt Hanna.

»Komm, lass uns in den Wald gehen. Ich halte es in der Klinik nicht mehr aus.«

*

»Übermorgen kommen meine Eltern«, sagt Frauke leise, als sie und Hanna nach dem Essen zu ihrem Zimmer gehen.

Hanna schlägt die Hände zusammen.

»So schlimm ist das nicht. Sie kommen auch nur, wenn ich nicht mehr abnehme. Wenn ich bis morgen früh ein Viertelpfund weniger habe, dann müssen sie zu Hause bleiben.«

Am Abend kommt die Ärztin. »Du weißt, dass deine Eltern kommen?«

Frauke nickt.

»Wir werden miteinander reden. Ihr müsst alles erzählen, was wichtig ist.«

»Das hört sich einfach an«, sagt Frauke.

»Vielleicht dauert es sehr lange«, sagt die Ärztin.

Nachts kann Frauke nicht schlafen.

*

»Frauke! Liebling!« Die Mutter breitet ihre Arme aus, läuft auf Frauke zu.

Frauke geht einen Schritt zurück, hält ihrer Mutter die Hand hin.

»Wir haben so lange darauf gewartet! Gut siehst du aus.« Die Mutter drückt Fraukes Hand an ihren Körper.

»Tag, Frauke!« Der Vater berührt ihre Schultern. »Ich bin froh, dass du zugenommen hast. Gott sei Dank.«

Die Ärztin sagt ein paar nette Sätze. Dann holt sie tief Luft.

»Um es gleich zu sagen: Es geht hier nicht darum, ihre Tochter zu besuchen. Es geht um Familientherapie. Sie hatten alle lange Zeit um nachzudenken. Frauke hat ein Basisgewicht erreicht, so dass sie wieder klar denken kann.«

»Wann darf Frauke wieder nach Hause?«, fragt die Mutter, kaum dass die Ärztin ihren Satz beendet hat.

»Wir sollten uns zuerst darüber unterhalten, wie es zu Fraukes Krankheit gekommen ist«, sagt die Ärztin, »vielleicht muss zu Hause etwas verändert werden?«

»Ich habe diesen Augenblick erwartet wie nichts auf der Welt«, sagt die Mutter.

Frauke sitzt bewegungslos am Tisch. Die Stimmen ihrer Eltern sind ihr fremd.

Die Mutter beginnt wieder: »Mein Gott, was habe ich mir Sorgen um Frauke gemacht. Weißt du, Frauke, dass ich einen Herzanfall hatte.«

»Lass die alten Geschichten«, sagt der Vater. »Es ist alles vorbei. In ein paar Wochen kommt Frauke nach Hause, dann ist alles in Ordnung.«

»Du denkst nur an dich und an die Firma. An uns denkst du zuletzt!«, ruft die Mutter.

»Womit wir wieder beim Thema wären«, sagt der Vater. »Ich möchte nicht mehr darüber sprechen. Nicht hier.«

Sie sind wie immer, denkt Frauke. Ich soll nach Hause kommen, damit sie ihre Ruhe haben. Gleich wird Mutter schlecht. Heute Abend wird sie Kopfschmerzen bekommen und Vater wird einen Geschäftstermin haben. Sie sind schlimmer als vorher.

Sie hassen sich. Mit ihren Blicken bringen sie sich um.

»Was ist mit dir, Frauke?«, fragt die Ärztin.

»Ich will nicht.«

»Was?«, fragen die Eltern zusammen.

»Ich will nicht. Das ist alles.«

Frauke sitzt *aufrecht*, beobachtet die entsetzten Gesichter ihrer Eltern.

»Du bringst mich noch ins Grab«, flüstert die Mutter.

»Nächste Woche um die gleiche Zeit?«, fragt die Ärztin geschäftsmäßig. Sie sieht nur die Eltern an.

»Wenn es sein muss. Aber was das bringen soll, weiß ich nicht.« Die Mutter steht auf.

»Es wird Frauke schon helfen, wenn wir einmal in der Woche kommen«, sagt der Vater.

aufrecht, in gerader Haltung

Frauke geht ohne sich von ihren Eltern zu verabschieden auf ihr Zimmer.

»Ich will nicht!«, schreit sie laut. »Das sind nicht meine Eltern. Quälmaschinen sind das!«

»Hast du es ihnen gesagt?«, fragt Hanna vorsichtig. Frauke schüttelt den Kopf.

»Lass dich nicht unterkriegen. Weitermachen, Frauke.«

»Weitermachen? Womit?«

»Mit dir!«

*

Am nächsten Morgen wacht Frauke spät auf.

Sie geht mit Hanna zum Speisesaal. Sie geht dann zum Einzelgespräch mit der Ärztin. Danach mit Hanna zum Gruppengespräch.

Sie hört zu und *schweigt*.

Mittagessen.

Nachmittagskaffee.

Abendessen.

Schlafen.

Frühstück.

Gespräche.

Immer wieder.

Frauke macht mit. Sie isst, was ihr vorgesetzt wird. Sie sagt, was von ihr verlangt wird. Alle zwei Tage wird sie gewogen.

Ihr Gewicht steigt sehr langsam. Jeden Tag ein paar Gramm mehr.

Frauke geht an Spiegeln vorbei, ohne hineinzusehen.

| *schweigen*, kein Wort sagen

Ihre Haut wird frischer, die Haare fallen nicht aus.

Sie redet mit Hanna. Am liebsten geht sie mit ihr im Wald spazieren.

Einmal in der Woche kommen ihre Eltern. Frauke sagt nichts über sich. Die Eltern streiten sich, machen ihr *Vorwürfe*, bitten sie nach Hause zu kommen. Die Ärztin beobachtet sie, sagt kaum etwas.

Nach den Gesprächen heult Frauke sich eine halbe Stunde aus. Dann geht sie zum Essen.

Die Ärztin kommt. »Was willst du?«, fragt sie.

»Weiß ich nicht«, antwortet Frauke tonlos. »Nichts.«

»Willst du überhaupt nach Hause?«

»Das fragen Sie immer.«

»Du beantwortest die Frage auch nie.«

Frauke schweigt, betrachtet ihre Hände.

»Erbrichst du wieder heimlich?«

»Nein!«, sagt Frauke heftig. Sie kann sich nicht mehr vorstellen, den Finger in den Hals zu schieben, zu erbrechen, den sauren Geschmack im Mund zu spüren.

Das ist vorbei.

Kapitel 12

Ich habe Hunger. Ich bringe mich nicht um.
Ich werde nicht wie sie.

Hanna hält strenge Diät. Jedes Gramm, das sie zu sich nimmt, wird genau gewogen.

Zweimal hat Hanna in den letzten Wochen Besuch bekommen. Ihr Mann hat bei ihr auf der Bettkante

der Vorwurf, harte Kritik

gesessen und Geschichten von seiner Arbeit erzählt. Dann hat er sie auf die Stirn geküsst und ist gegangen.

»Merkwürdig«, hat Hanna Frauke gesagt, »wir wissen, dass wir uns lieben, aber wir merken nichts davon.«

»Vierzig Kilo.« Frauke sagt es niedergeschlagen zu Hanna.

»Freue dich, Frauke. Jetzt kannst du die Klinik verlassen. Du hast es geschafft.«

»Ich habe nichts geschafft«, sagt Frauke. »Das kommt alles von außen.«

»Wer erzählt dir so etwas?«

»Das denke ich!«

»Also«, Hanna lächelt, »jetzt fängst du noch zu denken an!«

»Ist alles von außen«, wiederholt Frauke, »jedes Gramm. Wenn ich weggehe, können sie mir ein Schild um den Hals hängen: Product of Krankenkasse and Klinik. Und vielleicht auch einen *Stempel* auf den Hintern: Made in Klinik.«

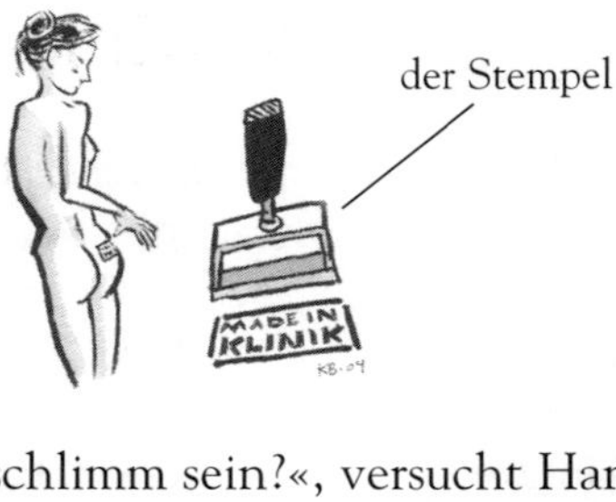

»Was soll daran schlimm sein?«, versucht Hanna.

»Dann bin ich gar nichts mehr, verstehst du?«

»Nein.«

Hanna drückt Frauke an sich.

»Mensch, Frauke! Ich will essen gehen. Essen ohne nachzudenken, ohne nachzurechnen. Nur ein einziges Mal richtig spüren, dass noch was mit mir los ist.«

»In Ordnung«, antwortet Frauke sofort, »ich geh mit dir! Ich kann ja zugucken, wenn es dir nichts ausmacht.«

Hanna zieht ein Kleid an, das ihr viel zu weit geworden ist. Sie nimmt Frauke in den Arm. Sie gehen.

*

»Einmal *Cordon bleu* und als Nachspeise Schokoladeneis«, bestellt Hanna fröhlich.

»Möchten Sie etwas trinken?«, fragt der *Kellner*.

»Ein Bier und ein Mineralwasser.«

Der Kellner geht.

»Cordon bleu kostet 17 Euro!«, sagt Frauke.

»Egal«, antwortet Hanna, »wenn ich sündige, dann richtig.«

Hanna kann es kaum erwarten, bis der Kellner die Getränke gebracht hat. »Prost!«, ruft sie, setzt das Bierglas schnell an die Lippen und trinkt.

»Einmal Cordon bleu.« Der Kellner bringt das Essen, wünscht Guten Appetit.

Hanna berührt die Gabel, zieht ihre Hand ein Stückchen zurück, nimmt die Gabel, zittert.

»Ich schaffe es nicht«, sagt sie. »Das darf doch nicht wahr sein!«

das Cordon bleu, Kalbsfleischscheiben mit Käse und Schinken dazwischen
der Kellner, Angestellter in einem Restaurant zum Bedienen der Gäste

Frauke rückt näher, trinkt von dem Mineralwasser.

»Es sieht toll aus«, sagt sie.

»Stimmt«, sagt Hanna, »ich versuche es noch einmal.«

Sie nimmt die Gabel und das Messer und beginnt ein Stück Fleisch abzuschneiden. Dann betrachtet sie es.

»Ich kann nicht!«

Frauke zieht den Teller näher zu sich heran.

»Es riecht fantastisch. Du darfst es nicht kalt werden lassen.« Frauke nimmt Hanna die Gabel aus der Hand. Sie berührt mit der Zungenspitze das Fleisch, spürt den Geschmack.

»Toll!« Frauke isst langsam, trinkt einen Schluck Bier. Sie schneidet noch ein Stück Cordon bleu ab, lässt es auf der Zunge liegen, spürt den Fleischgeschmack. »Es schmeckt fantastisch.«

»Mir ist schlecht«, sagt Hanna.

»Und ich habe einen Hunger wie schon seit Jahren nicht mehr.« Frauke zieht den Teller ganz zu sich herüber.

Mit Genuss isst Frauke das Fleisch, das *Gemüse*, die Soße.

Es dauert lange, bis sie den Teller leer gegessen hat.

»Jetzt noch das Schokoladeneis!«

Der Kellner stellt das Eis vor Frauke auf den Tisch.

»Können Sie uns zwei Löffel bringen?«

»Kommt sofort.«

Frauke hält Hanna den Löffel hin. Beide legen los. Hanna legt ihren Löffel zur Seite.

das Gemüse, Essen aus Pflanzen

»Was ist los?«

»Ich kann warten«, sagt Hanna. »Mensch, Frauke, ich kann warten!«

Sie greift nach Fraukes Hand und drückt sie.

Auf einmal heulen sie beide.

Kapitel 13

Ich kann nicht essen, wenn ich wegen euch essen soll. Dann habe ich keinen Hunger mehr.

Nachmittags kommen Fraukes Eltern.

Frauke sitzt unruhig auf dem Stuhl. Die Ärztin lächelt ihr zu.

»Was wollt ihr eigentlich?«, fragt sie ihre Eltern. Es soll kein Vorwurf in ihrer Stimme sein. Auch kein Angriff. So hat sie es mit Hanna nach dem Essen abgesprochen.

Fraukes Eltern sind ratlos.

»Du redest wie die Frau Ärztin«, kritisiert ihre Mutter und schaut kurz die Ärztin an.

Frauke muss lachen. »Was willst du eigentlich?«, fragt sie wieder.

»Du sollst nach Hause kommen. Ich mache es dir schön, damit du Freude hast.«

»Was willst du?«, ruft Frauke, »du!«

»Du kannst Fragen stellen.« Ihre Mutter sieht ihren Mann ratlos an.

»Was weiß ich«, antwortet sie dann, als er nichts sagt, »du sollst essen, das ist alles, was ich möchte.«

»Nein!«, ruft Frauke. Ihre Stimme ist wütend. »Ich

kann nicht essen, wenn ich wegen euch essen soll. Dann habe ich keinen Hunger mehr.«

»Kind«, sagt ihr Vater aufgeregt. »Du darfst deine Mutter nicht fertig machen. Sie hält das nicht aus. Sie ist krank, wegen dir!«

»Vater«, Frauke ist ganz ruhig, »so geht das nicht. Erst hat Mutti sich für dich, mich und die Firma verrückt gemacht. Soll ich mich jetzt für Mutti und dich verrückt machen?«

»Kind!« Der Vater sieht sie entsetzt an. »Das glaubst du nicht wirklich!«

»Doch«, sagt Frauke, »ich kann nicht essen, damit ihr eure Ruhe habt!«

»Das hat dir jemand eingeredet!«

»Meinen Sie?« Die Stimme der Ärztin ist neutral. »Überlegen Sie es sich bis zur nächsten Woche. Es ist schon spät.«

Die Eltern gehen nebeneinander aus dem Zimmer. Sie schweigen. Von Frauke verabschieden sie sich nicht.

*

»Sie haben es nicht verstanden, Hanna!«

Hanna sagt nichts. Sie nimmt Frauke an der Hand, läuft mit ihr aus dem Haus und biegt in den kleinen Waldweg ein.

»Hast du ihnen alles gesagt? Du bist nicht umgekippt?«

»Nein. Kein Stück.«

Hanna zieht die Sandalen aus, rennt so schnell sie kann in den Wald.

»Frauke, komm. Es ist so schön.«

Hanna läuft um die Bäume, tanzt, setzt sich auf den Boden und singt vor Vergnügen.

Frauke spaziert langsam hinter ihr her.

Dann zieht sie auch die Schuhe aus, tritt vorsichtig auf und rennt los. Sie spürt die *Zweige* nicht, die ihr Gesicht streifen. Sie atmet tief und bleibt stehen.

Endlich spürt sie Boden unter ihren Füßen.

Fragen

1. Wer besucht Frauke im Krankenhaus?
2. Was versucht Frauke am Abend zu tun?
3. Worüber wundert sich die Krankenschwester?
4. Wonach fragt der Arzt nach der Untersuchung?
5. An was muss Frauke plötzlich denken?
6. Warum darf der Vater Frauke mit nach Hause nehmen?
7. Worüber sprechen die Eltern mit Frauke?
8. Wie geht es ihr in der Schule?
9. Worüber reden die Eltern mit ihren Gästen?
10. Warum wird Frauke schlecht während des Essens?
11. Wie reagiert Frauke, als der Englischlehrer ihr die Klassenarbeit zurückgibt?
12. Was sagt der Hausarzt nach der Untersuchung?
13. Was hat die Mutter mit Frauke vor?
14. Warum will Frauke plötzlich wieder in die Schule?
15. Was passiert in der Sportstunde?
16. Warum soll Frauke in eine Spezialklinik?
17. Warum hat sie nichts dagegen?
18. Wie denkt sie über die Klinik?
19. Über welche Krankheit spricht die Ärztin mit Frauke?
20. Wieso schickt Frauke den Brief an Sabine nicht ab?
21. Was schlägt ihr die Ärztin vor?
22. Aus welchem Grund muss Frauke künstlich ernährt werden?
23. Wer kommt auf Besuch?
24. Warum wird Frauke plötzlich so wütend darüber?
25. Wovor hat Frauke Angst, als Hanna ihre Zimmer kollegin wird?
26. Welche Probleme hat Hanna?

27. Was lernt Frauke von Hanna?
28. Was passiert während der Gespräche mit den Eltern?
29. Wie reagieren die Eltern auf das, was Frauke sagt?
30. Was fühlt Frauke nach dem letzten Gespräch?

Sprachübungen

A. Welches Wort passt nicht in die Reihe?

1. Grießbrei - Gemüse - Kartoffelsalat - Erbsensuppe - Tablett
2. Jahr - Schule - Sommer - Woche - Morgen - Abend - Monat
3. Kopf - Hand - Auge - Arm - Gesicht - Lippen - Bein - Zettel
4. Krankenschwester - Psychiater - Kellner - Lehrerin - Klinik

B. Jedes Wort an seinen Platz!

1. die - still - steht - Zeit
2. habe - Ruhe - ich - jetzt - meine
3. aus - halte - ich - mehr - nicht - sie
4. ich - mehr - nicht - sehen - sie - will
5. dich - fertig - machen - sie - werden
6. habe - Hunger - ich - meinen - wieder
7. als - besser - es - Hause - hier - ist - zu
8. die - für - interessieren - Kilos - meine - nur - sich

C. Was kann man alles mit »machen« verbinden? Setze eines der folgenden Wörter ein: an, aus, fertig, mit, zu, Sorgen

1. Sie machen mich ________________
2. Mach bitte die Tür ________________
3. Der Vater macht sich große ________________
4. Das macht mir nichts ________________
5. Hanna macht bei der Therapie nicht ________
6. Er macht das Licht ________________

D. Setze eine der folgenden Konjunktionen ein: und, aber, oder, weil, wenn, als

1. Sie ist hier, _______ sie zu fett ist.
2. Hanna ist zu dick, _______ nicht hässlich.
3. Sagt sie das _______ ist das eine andere Stimme?
4. Ein Taxi bringt Frauke _______ ihre Mutter zu dem Hausarzt.
5. War es, _______ ihre Mutter weinend an den Frühstückstisch kam?
6. _______ sie es nicht schafft, dann muss sie zur Hauptschule gehen.

E. Welches Relativpronomen fehlt?

1. Jedes Gramm, _______ sie isst, wird abgewogen.
2. Ich bin einfach nur ein Ding, _______ atmet und frisst.
3. Sie lernt Wörter, bei _______ sie Fehler gemacht hat.

4. Die Lehrer stellen Fragen, _______ sie selbst beantworten.
5. Hanna zieht ein Kleid an, _______ ihr viel zu weit geworden ist.
6. Sie wollen eine Tochter haben, _______ den Besuch artig begrüßt.
7. Wir sind nicht die Familie, _______ sonntags immer etwas unternimmt.
8. Die Ärzte wollen nicht mit jemandem arbeiten, _______ vor Hunger nicht mehr klar denken kann.

F. Wie heißt es im Plural?

1. Frauke *darf* nach Hause. Die Eltern __________ nicht wissen, dass sie erbricht.
2. Hanna *kann* lachen. Die Patienten __________ über ihre Probleme sprechen.
3. Die Ärztin *muss* sie untersuchen. Die Eltern __________ wieder nach Hause fahren.
4. Die Mutter *soll* kommen. Die Ärzte __________ ihr helfen.
5. Frauke *will* lernen. Die Schüler __________ nicht zuhören.

Weitere Übungen
und Anregungen unter
www.easyreaders.eu